VIETNAM,
사파에서 껀터까지

글·사진 이 종 희

VIETNAM,
사파에서 껀터까지

2022년 5월 31일 1판 1쇄 펴냄

사진/글 이종희
편집/디자인 이민배, 박혜진
캘리그라피 한글장수 추윤호
도움주신이 강복신

펴낸곳 잔잔
펴낸이 이민배
이메일 janjan2230@naver.com
URL https://blog.naver.com/janjan2230
등록 2020년 2월 19일 제2020-000015호
ISBN 979-11-970060-3-6
판매가 33,000원

*본 사진집의 표지 제목폰트는 '국립박물관문화재단 클래식'체가 사용되었습니다.

Copyright 2022 by JANJAN Book&Communication. All right reserved.
No part of this book may be used or reproduced without the written permission of the company.

VIETNAM, 사파에서 껀터까지

이종희

Photographer in daily life
LEE, Jong-Hee

* **Blog** _ http://blog.naver.com/pt4312
* **Instagram** _ @hygge.lee.j.h

일상의 사진가
이 종 희

여행 중에 가슴이 쿵쿵 뛰는 장면을 목격하고 셔터를 정신없이 누른 적이 종종 있다.

그 때, 그 순간의 사진들은 한동안 시간이 흐른 뒤에도 흐뭇한 추억으로 떠오른다.

'평생하고 싶고 가슴 뛰게 하는 일' 중의 하나

'사진'은 나에게 휘게(Hygge)이자 아름다운 행복이다.

진실하게 살아가고자 하는 지각 속에서 풍요로운 인간 내면의 아름다운 발현으로

인간답게 살기 위한 예술 작업의 하나이다.

소소한 일상 속 사진과 함께 삶의 행복과 사랑, 아름다운 여정으로

나를 찾고 휘겔리(Hyggelig)한 모습들을 차곡차곡 담아가고 싶다.

VIETNAM,
사파에서 껀터까지

목차

★ 사파(Sa Pa)

★ 하노이(Hà Nội)

★ 하롱베이(Ving Hạ Long)

★ 다낭(Đà Nẵng)

★ 호이안(Hội An)

★ 후에(Huế)

★ 나쨩(Na Thrang)

★ 달랏(Đà Lạt)

★ 무이네(Mũi Né)

★ 껀터(Cần Thơ)

들어가며

사진을 시작한 지도 어언 40년이 되어 간다.

처음 시작했던 출판이 어느덧 3년째이다.

'MONGOLIA, 여행은 길이다.' 첫 번째 출간에 이어

'JORDAN, 낯설음의 길목에서' 출간이 벌써 일 년이라는 시간이 지났다.

이번에는 **'VIETNAM, 사파에서 껀터까지'**라는 세 번째 포토에세이를 내놓게 된다.

베트남 북부에 있는 소수 민족들의 삶과 다랭이논이 펼쳐진 사파(Sa Pa)에서부터

멀리 남부에 위치한 까이랑 수상시장이 있는 껀터(Cần Thơ)까지

가족과 함께 했던 여행 중의 추억을 담았다.

온 가족의 사랑과 열정이 함께 한, 행복을 듬뿍 담은 휘겔리한 일상에서

베트남 사진과 함께 지난 추억을 같이 나누고 싶다.

사파(Sa Pa)

소수민족마을 / 요일시장

사파(Sa pa)

베트남 북서부 라오까이 성(Lao Cai Province)에 있는 국경 도시이며

수도인 하노이에서 북서쪽으로 약 350km, 중국과의 국경 근처에 위치한 산악 마을이다.

베트남에서 가장 추운 지역 중 하나로 산 속 계곡에 자리 잡고 있어 안개 속에 묻히는 날이 많다.

많은 숙박시설과 각종 편의시설이 자리 잡고 있어서 인근에 산악 소수 민족을 보러 오거나

멋진 자연 경관을 보기 위해 몰려드는 여행객들의 전진 기지 역할을 한다.

시내에 있는 대표적인 볼거리는 사파시장과 함롱산 공원이다.

마을 자체는 그리 크지 않아서 충분히 걸어 다닐 수 있으며,

마을 곳곳에서 여행객을 상대로 토속적인 물건을 파는 소수민족을 볼 수 있다.

사파에서 남쪽으로 3km 정도 떨어진 곳에는 검은 몽족이 사는 깟깟마을과 신짜이 마을이 있고,

북쪽으로 10km 떨어진 곳에는 붉은 자오족이 많이 사는 따핀마을이 있다.

[네이버 지식백과] 사파 [Sa Pa] (두산백과 두피디아, 두산백과)

사파는 해발 1,650m의 산악지대에 위치한 도시로서 12개의 다양한 부족들이 살고 있다.

블랙 몽족, 플라워 몽족, 레드 자오족 등이 살고 있으며,

소수 민족들의 전통문화와 소품들을 만나 볼 수 있고, 다양한 음식을 맛볼 수 있다.

타반, 따핀 등의 마을은 트레킹하기에 좋은 장소로도 알려져 있다.

여행 중 행복했던 순간들이 다시금 떠오르며

트레킹에서 만난 두 소녀의 수줍은 모습도 떠오른다. 그립다!

과일, 농약, 육류 등 많지 않은 종류이지만 물건들이 풍성하며,
매주 목요일에 한 번씩 열리는 조그마한 '룽커우닌 목요시장'.

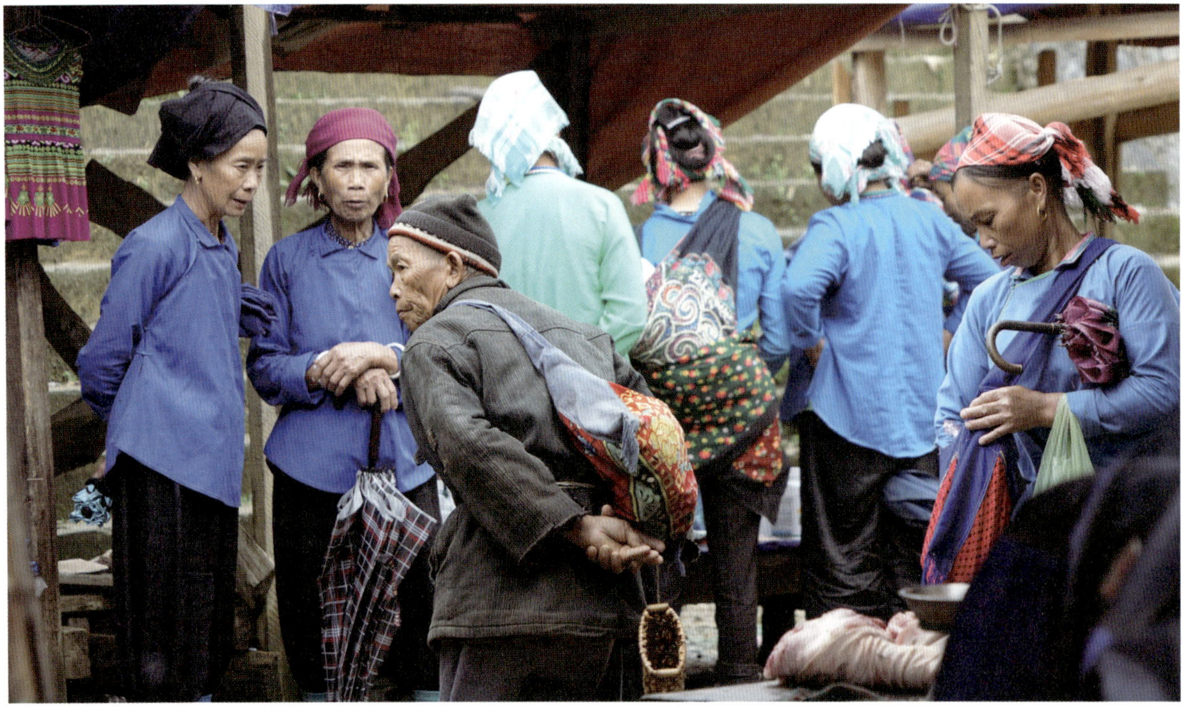

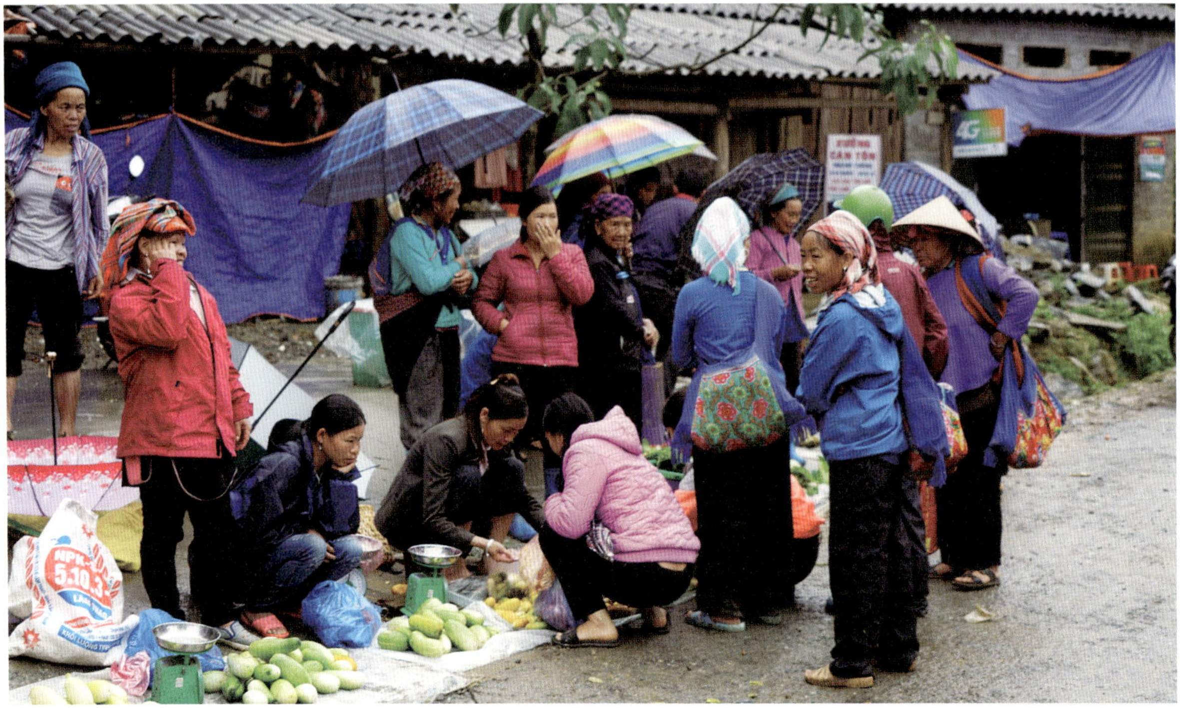
4G
NPK-
5.10.3

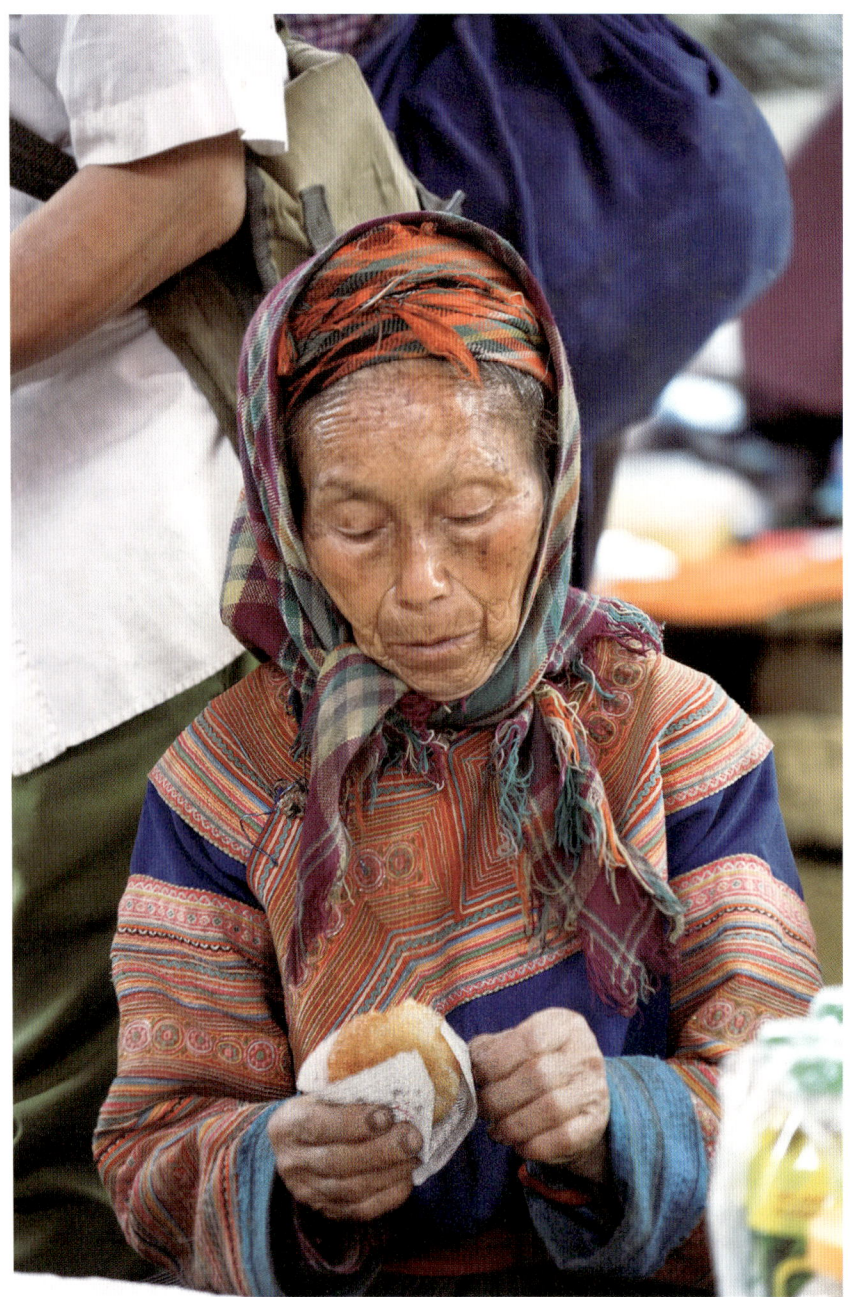

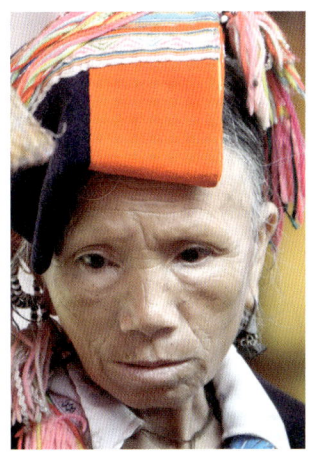

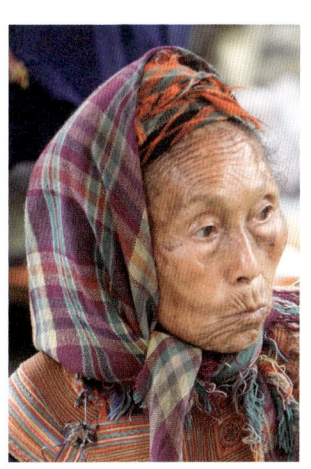

박하 시장은 일요일마다 열리는 장으로 여행객들에게 인기가 매우 높으며, 소수민족들이 만든 수공예품과 풍성한 야채, 과일들이 시장을 찾는 여행객과 원주민에게 많은 볼거리와 먹거리를 제공해 준다.

하노이(Hà Nội)

호엔끼엠 호수 / 밧짱 도자기마을

하노이(Hà Nội)

베트남의 수도이자 역사와 정치의 중심지이다. 베트남 북부에 위치하며 규모와 인구수에서 남부의 호찌민보다 작지만 역사와 정치적 측면을 고려할 때 베트남을 대표하는 도시이다.

하노이의 역사는 서기 210년 경부터 시작되었으며, 1010년 전 레[前黎] 왕조가 수도를 오늘날의 하노이 지역인 '탕롱(Thang Long, 昇龍)'으로 옮긴 이후부터 쩐 왕조와 호 왕조 시기까지 하노이는 베트남의 수도로서 역할을 하였다. 프랑스 식민지배 당시(1875~1945)에는 인도차이나반도의 중심지로 성장하였고, 1945년 식민 지배를 벗어난 후에는 베트남의 공식 수도가 되었다. 1975년 이후 호찌민에 투자와 인프라가 대거 구축되며 상대적으로 경제적 격차가 커졌으나, 2008년 이후 하노이 확대 계획에 의해 수도로서 정체성과 이념면에서 발전이 진행되고 있다. 2010년 9월 도시건설 1,000년을 맞이한 유서 깊은 도시이다.

[네이버 지식백과] 하노이 [Hanoi, 河內] (두산백과 두피디아, 두산백과)

코로나-19 전 사파 여행길에 들렸던 하노이 콩카페가 생각이 난다.

내외부 공간은 주로 녹색과 빨간색을 사용하여 디자인되어 있고,

서빙하는 종업원들의 유니품도 대부분 녹색이다.

대표적인 메뉴는 코코넛 스무디와 연유 커피라고 하는데,

나는 망고 스무디의 달콤한 그 맛이 그립다.

하롱베이(Ving Hạ Long)

유네스코 세계자연유산

하롱베이(Ving Hạ Long)

베트남 제1의 경승지로 1962년 베트남의 역사·문화·과학 보존지역으로 지정되었으며,
1,969개의 크고 작은 섬 및 석회암 기둥 등을 포함하고 있는 만(Bay)으로
유네스코 세계자연유산으로 등록된 명승지이다.

'하(Hạ)'는 '내려온다', '롱(Long)'은 '용'이라는 뜻으로, '하롱'이란 하늘에서 내려온 용이라는 의미이다.
'하롱'이라는 지명은 바다 건너에서 쳐들어온 침략자를 막기 위해 하늘에서 용이 이곳으로 내려와
입에서 보석과 구슬을 내뿜자, 그 보석과 구슬들이 바다로 떨어지면서 갖가지 모양의 기암(奇岩)이 되어
침략자를 물리쳤다고 하는 전설에서 유래하였다고 한다.

석회암의 구릉 대지가 오랜 세월에 걸쳐 바닷물이나 비바람에 침식되어 생긴 섬과 기암이
에메랄드 그린빛 바다 위로 솟아 있다. 날카롭게 깎아지른 듯한 바위, 절벽을 이루고 있는 작은 섬들이
기후나 태양빛의 변화에 따라 그 모습과 빛깔을 미묘하게 바꾸는 광경 등이 절경을 이룬다.

[네이버 지식백과] 하롱베이 [Ha Long Bay] (두산백과 두피디아, 두산백과)

세계자연유산인 하롱베이 국립공원은 영화 〈인도차이나〉와
로빈 윌리엄스의 영화 〈굿모닝 베트남〉의 배경이 되었던 곳으로
3000여 개의 섬으로 되어 있어 마치 바다와 같은 곳이다.

아침 식사 후 출발해서 해 질 무렵 돌아온 선상 여행.
하롱베이에서 보낸 황홀한 하루의 일정이 꿈만 같으며,
순박한 현지인들의 친절한 마음씨와 미소에
수평선 너머 뉘엿뉘엿 넘어가는 노을을 바라보며
돌아오는 발걸음이 행복하다.

다낭(Đà Nẵng)

미케비치 / 오행산

다낭(Đà Nẵng)

다낭은 베트남 중부 지역의 최대 상업도시이자 관광도시이다.

남중국해에 면한 주요 항구 도시로 오래 전부터 동서무역의 국제 무역항으로 발전하였고,

도심을 흐르는 한강(Sông Hàn)을 사이에 두고 선짜반도와 시가지로 구분된다.

역사적으로는 참파왕국의 중요한 거점지역이었고, 부근에는 유적인 미선 유적지가 있다.

다낭 시내에는 참파의 유물을 보존하는 참박물관과 함께 석조물 300여 점이 남아 있다.

자동차로 20여 분 거리에는 5개의 작은 산으로 이루어진 오행산이 있는데

이곳에서는 고품질의 대리석이 생산되고 있다. 최근 다낭의 해안선을 구성하는 차이나비치에는

외국 자본의 고급 리조트가 들어서고 있으며, 점점 관광객이 증가하는 추세이다.

[네이버 지식백과] 다낭 [Da Nang] (두산백과 두피디아, 두산백과)

세계 6대 아름다운 해변 중의 하나인 미케비치(Bãi Biển Mỹ Khê)는
젊음과 발랄함이 느껴지며 아름다운 풍광(風光)을 가지고 있다.

환한 표정으로 포즈를 취해주던 미케비치는
아름다운 곳, 아름다운 사람, 아름다운 사랑으로 기억에 남는다.

호이안(Hội An)

올드타운 / 투본강

호이안(Hội An)

호이안은 다낭에서 남쪽으로 약 30km 떨어진 부글라강(江) 어귀에 위치한다.

16세기 중엽 이래 세계 여러 나라의 상선이 기항하였고, 이후 무역도시로 번성하였다.

당시에 거래된 물품으로는 도자기가 주류를 이루었으며 일본과 교역이 잦았다.

일본인 마을의 흔적으로 내원교라고 불리는 돌다리가 남아있지만 이것이 유일하며,

현재 호이안의 복고적인 도시 외관은 대부분 중국인들에 의해 형성된 것이다.

호이안은 복고적인 도시의 분위기 때문에 최근 관광지로 각광받고 있으며,

오래된 가옥을 개조하여 멋스러운 마을로 변신하고 있다.

호이안의 구(舊)시가지는 1999년에 유네스코 세계문화유산으로 등록되었다.

[네이버 지식백과] 호이안 [Hoi An, 會安] (두산백과 두피디아, 두산백과)

호이안 풍등에 반하지 않을 여행객은 없을 것이다.

서서히 어둠이 밀려오면 하나, 둘 풍등에 불이 들어온다.

밤이 되면 투본강과 주위에 펼쳐지는 야경이 아름답다.

베트남에서 등불은 사랑과 행운을 뜻하며,

등불을 밝힌 후 강물에 띄우면 행복과 건강이 찾아온다고 한다.

특히 평화와 건강을 상징하는 빨간색 등불이 많은 편인데,

세계의 평화와 모든 이들의 건강을 기원해 본다.

후에(Huế)

후에 왕궁 / 왕릉

후에(Hué)

후에는 베트남 중부에 있는 도시이며, 베트남 마지막 왕조의 수도였다.
남중국해 연안에서 8㎞정도 떨어져 있으며, 얕고 넓은 향(香)강이 가로질러 흐른다.
강 왼편의 도심부에는 19세기 초 중국식으로 지은 베트남 제국의 왕궁 다이노이가 있는데,
후에[阮]왕조는 이곳에서 수세기 동안 베트남을 통치했다. 식민지 시대에 프랑스인들은
강 오른편에 거주했으며 오늘날 이 도시의 동쪽에는 상업지구가 들어서 있다.

1949년 7월 1일 새로 수립된 베트남 공화국이 수도를 사이공(지금의 호찌민)으로 정하면서
예로부터 중심지 역할을 하던 이곳은 그 기능을 잃어버리게 되었다.
호찌민시와 하노이를 연결하는 철도·도로변에 있는 교통의 요충지이며
종교·문화·상업의 중심지로, 응우옌왕조의 무덤들이 부근에 있다.

[네이버 지식백과] 후에 [Hué, 順化] (두산백과 두피디아, 두산백과)

후에(Huế)는 고궁이 많은 우리나라 경주와 비교되는 도시이다.

하지만 밤이 되면 여느 관광지와 같이 여행자들의 도시가 된다.

인도 옆으로는 식당들의 야외 테이블이 설치되고,

자연스럽게 앉을 수 있는 손님들을 맞이한다.

그중에서도 후에에서의 행복한 저녁 시간을 보냈던 한 식당이 기억이 남는다.

의자도 불편하고 사람도 많이 붐비었지만, 그 분위기와 정취(情趣)는 잊을 수 없을 것 같다.

나쨩(Nha Trang)

나쨩 기차역 / 나쨩 해변

나쨩(Nha Trang)

나쨩은 베트남 남부의 주요 어업 기지이며, 예로부터 알려진 군사 기지이다.

오랜 역사를 가진 도시로 1862년 프랑스에게 점령되기 전에는 베트남 왕국에 속해 있었다.

프랑스 식민지 시대에는 파스퇴르 연구소가 설치되어 열대성 질병에 관한 연구를 하였고,

해안 연구소가 세워져 남중국해의 어업에 관한 자료를 수집하였다.

이곳을 지나는 하노이~호찌민 철도도 이때 부설되었다.

나쨩은 부근의 해변을 일찍부터 개발하여 해안 휴양지가 들어서 있고,

시의 북쪽 근교에는 참족(族)이 세운 포나가르 신전이 있다.

[네이버 지식백과] 나쨩 [Nha Trang] (두산백과 두피디아, 두산백과)

해안가 가까이서 부딪치는 너울과

물보라 안과 밖에서 즐기는 사람들이

성난 파도가 만들어 내는 물결 속에서 행복하다.

먼바다에서 쉼 없이 밀려오는 푸른 파도가

모래펄에 부딪혀 하얀 거품을 토해 낸다.

삼삼오오 늘어선 관광객들은

파도에 몸을 맡긴 채 즐거워라 비명을 지른다.

40층 고층에서 바라볼 수 있는 행운으로

파도가 만드는 향연에 흠뻑 빠져본다.

달랏(Đà Lạt)

달랏 기차역/ 달랏 야시장

달랏(Đà Lạt)

안남산맥 남쪽 끝 해발고도 1,400~1,500m의 람비엔 고원지대에 있으며,

구릉 지대로서 소나무숲이 우거지고 기후가 일년 내내 18~23℃ 정도로 쾌적하다.

7~10월에 비가 많이 오며 연 강우량은 1,750mm이다.

근교에서는 토양이 기름져 채소·과일·차·고무 등의 온대작물을 재배한다.

20세기 초 프랑스가 지배할 때 휴양지로 개발되었으며, 현재는 신혼여행지로 각광받고 있다.

시내에는 소나무숲으로 둘러싸인 둘레 약 5km의 스언흐엉 호수가 있으며,

1976년에 세워진 대학과 공항이 있다. 교외에는 일본이 전쟁 배상으로 건설한 다님댐이 있다.

호찌민과는 고속도로로 이어지고 남중국해 연안의 항구 판랑과는 철도로 통해 있다.

도시의 명칭은 이 지역의 종족 이름에서 비롯하였는데, 라트인의 시내라는 뜻이다.

[네이버 지식백과] 달랏 [Da Lat] (두산백과 두피디아, 두산백과)

동남아 여행 중에 흔히 볼 수 있는 구경거리는 역시 야시장이다.

베트남에서 가장 큰 달랏 야시장은 푸짐한 군것질거리가 많다.

시장 앞 광장에는 노점상들이 빼곡한데 먹거리가 대부분이다.

라이스페이퍼에 야채와 계란, 치즈를 올린 베트남식 피자, '반짱느엉'이 유명하다.

달랏은 일년 평균 기온이 20℃ 내외로 휴양지로서 매우 유명하다.

선선한 초가을 날씨로 가벼운 패딩을 입고 둘러보았던 달랏 야시장은

현지인은 물론 많은 관광객들의 사랑으로

풍성하고 값싼 음식들과 함께 하는 일상(日常)이었다.

무이네(Mũi Né)

피싱 빌리지 / 모래언덕

무이네(Mũi Né)

무이네는 베트남 남부 판티엣(Phan Thiết) 부근에 있는 해변 휴양지이다.
도시민들을 위한 한적한 휴양지로 호찌민에서 자동차로 약 4시간이 걸린다.
길이 약 10km에 이르는 긴 해변을 따라 소규모의 리조트 호텔, 레스토랑 등이 들어서 있으며,
바다를 바라보며 휴식을 취하거나, 파도가 거칠고 높아 윈드서핑·카이트서핑을 하기에 좋다.

'피싱 빌리지(Fishing Village)'에서는 둥근 바구니처럼 생긴 전통 배
'까이퉁(Cái Thúng)'을 만날 수 있으며, 그물로 물고기를 건져 올리는 어부의 모습도 볼 수 있다.
남쪽으로 5km 정도 떨어져 있는 곳에는 약 2~3km 규모의 모래 언덕(Sand Dune)이 있는데,
사막 같은 풍광과 일출, 일몰의 아름다움으로 유명하다.
이 외에도 요정의 샘, 리틀 그랜드 캐니언 등도 명소로 알려져 있다.

[네이버 지식백과] 무이네 [Mui Ne] (두산백과 두피디아, 두산백과)

무이네의 피싱 빌리지(Fishing Village)에서는

형형색색의 광주리 배인 까이퉁(Cái Thúng)의 매력에 흠뻑 빠지게 된다.

어부는 다음 어업을 위해 그물을 손질하기 바쁘고,

갓 잡아 올린 생선을 손질하고 판매하는 여인들이 분주하다.

매일 아침 만나는 펄펄 뛰는 생선의 싱싱함은 신의 축복이다.

경사가 있는 계단을 따라 해안가로 내려가면

물고기 비린내가 심하게 코를 찌른다.

좋은 사진을 찍기 위해 조금 더 가깝게 다가간다.

멀리 어선들 사이를 오고 가는 둥근 까이퉁 어부들의 희망과 행복이

밀려오는 파도와 함께 새록새록 솟아난다.

껀터(Cần Thơ)

까이랑 수상시장

껀터(Cần Thơ)

껀터는 베트남 남부 메콩강 삼각주의 최대 도시로
호찌민에서 서쪽으로 약 160km에 위치한다.
지형은 비교적 평탄하여 농수산물 생산에 적합하고,
하류의 껀터강이 내륙지역, 즉 북동쪽에서 남서쪽으로 향한다.

까이랑 수상시장(Cái Răng Floating Market)은 메콩 델타에서 가장 유명한 수상시장이다.
이 시장은 이른 새벽에 시작되어 대부분의 거래가 오전 중에 마감되는 새벽 시장이다.
까이랑 수상시장에서 가장 인상적인 것은 꺼이베오(Cây Bẹo)라는 것인데,
농산물을 가득 싣고 있는 벌크 선의 뱃머리에 꽂혀 있는 대나무 장대를 말하며
장대 끝에는 그 배에서 판매하는 농산물이 걸려 있다.

[네이버 지식백과] 껀터 [Can Tho] (두산백과 두피디아, 두산백과),
베트남 껀터 시 까이랑 수상시장 (세계의 시장을 가다, 엄은희, 부산대 한국민족문화연구소)

껀터 중심에서 5km쯤 떨어진 까이랑 수상시장이 아침을 연다.

물에 빠질라 염려되는 채소와 온갖 식료품이 배에 한가득 풍성하다.

젊은 아낙네의 당찬 표정에 시선을 빼앗기는 행복한 순간이다 .

많은 기대와 설렘에 정신없이 누르는 셔터 소리.

작은 쪽배들은 많은 배들 사이를 자유자재로 오가며

상인과 관광객들을 상대로 아침 식사와 커피, 과일 등을 판매한다.

짧은 일정으로 까이랑 수산시장에서 오래 머물지는 못했지만,

기꺼이 반복해서 수상시장 주변을 운전해준 선장님 덕분에

많은 사진을 카메라에 담을 수 있었다.

마무리하며

사진과 함께 하는 여행은 언제, 어디서, 어느 조건에서도

잠깐의 스침으로, 순간의 포착으로, 깊은 내면의 표현으로 담아내는 행복한 예술 활동이다.

모처럼 긴 여정으로 가족들과 함께한 베트남 여행은

사파에서 컨터까지 다양한 자연환경과 문화를 엿볼 수 있는 행복한 시간이었으며,

그중에서도 트레킹과 소수 민족의 향연장인 다랭이논의 사파는

언젠가는 꼭 다시 가보고 싶은 장소로 기억되고 있다.

마음 편안하게 다가온 베트남 여행들은

현지인들의 친절함과 새로움으로 또 다른 세상을 접하게 된 기회가 되었다.

소중한 시간과 추억에 감사하며,

여행에 함께 한 나의 가족과 모든 분들께 감사드린다.